La Declaración de Independencia

DAVID Y PATRICIA ARMENTROUT

JUV/Sp E 221 .A7318 2006
Armentrout, David, 1962-
La Declaración de
  Independencia

Rourke
Publishing LLC

Publishing LLC
Vero Beach, Florida 32964

DOCUMENTOS QUE FORMARON LA NACIÓN

www.rourkepublishing.com

PHOTO CREDITS: Cover and Page 27 © North Wind Picture Archives. Title Page © PhotoDisc, Inc. Page 6 from the Department of the Interior. Page 23 from the Constitution Society. Pages 10, 30 from Images of Political History Cover Document and Pages 5, 11, Courtesy of the U.S. National Archives and Records Administration. Pages 42, 43 Courtesy of the U.S. National Archives and Records Administration and Earl McDonald. Pages 15, 16 © Getty Images All other images from the Library of Congress

Página del título: *El Salón de la Independencia en Filadelfia, donde se firmó la Declaración de Independencia en 1776*

Editor: Frank Sloan

Cover and page design by Nicola Stratford

Library of Congress Cataloging-in-Publication Data

Armentrout, David, 1962-
  [The Declaration of Independence. Spanish]
  La Declaración de Independencia / David y Patricia Armentrout.
     p. cm. -- (Documentos que formaron la nación)
  Includes bibliographical references and index.
  ISBN 1-59515-709-3 (paperback)

Impreso en los Estados Unidos

CG

TABLA DE CONTENIDOS

La Declaración de Independencia

El diccionario define un documento como "un papel que ofrece información, prueba o apoyo a otra cosa." La Declaración de Independencia es uno de los documentos más importantes de la historia de Estados Unidos. Describe las razones por las que las colonias de Norteamérica pedían la independencia de Gran Bretaña. No fue ni el principio ni el fin de la lucha por la libertad del yugo de Gran Bretaña. La **declaración** es sencillamente un enunciado, bellamente escrito, de los **principios** que justificaban que las colonias de Norteamérica desearan liberarse de una nación que las controlaba.

Las naciones se crean, se disuelven y cambian por muchos motivos. Los Estados Unidos llegaron a formarse porque los colonos sentían que no eran tratados de manera justa por el gobierno británico. La mayoría de los colonos venían de las islas británicas, pero en Norteamérica sus derechos como ciudadanos británicos no estaban claros. Los colonos intentaron zanjar legalmente sus desacuerdos con el rey y el gobierno británico, pero al fin decidieron que no tenían otra opción que romper con la madre patria y formar su propio gobierno. La Declaración de Independencia sirvió como anuncio a Gran Bretaña y al resto del mundo de que

Esta imagen de la Declaración de Independencia está tomada de un grabado de 1823. El documento original está terriblemente descolorido y se exhibe en la Rotonda para las Cartas de la Libertad, en el Archivo Nacional, en Washington D.C.

Norteamérica no se dejaría gobernar por una **tiranía**. La Declaración de Independencia certificó el nacimiento de la nueva nación.

IMPUESTOS SIN REPRESENTACIÓN

Para apreciar con justicia cuán importante fue la Declaración de Independencia para las colonias norteamericanas es útil entender algunos de los acontecimientos que condujeron a su creación. Gran parte del debate tuvo que ver con la esclavitud en Norteamérica.

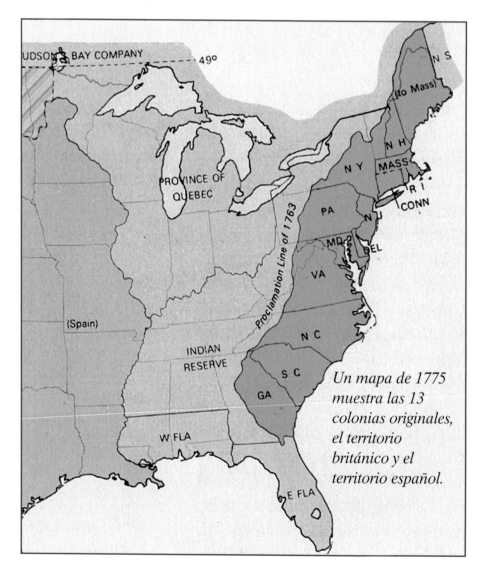

Un mapa de 1775 muestra las 13 colonias originales, el territorio británico y el territorio español.

Gran Bretaña y otros países europeos colonizaron América del Norte durante los siglos XVII y XVIII. Durante buena parte de este período las leyes y el orden fueron dejados en manos de los colonos. A medida que la población crecía, Gran Bretaña empezó a ejercer un mayor control sobre las colonias. En su mayoría, los colonos estaban agradecidos por el apoyo y protección que les daba Gran Bretaña. Después de todo, muchos de los colonos estaban orgullosos de sus raíces británicas.

La Guerra de Independencia y la Declaración de Independencia vinieron después de que los colonos empezaran a sentir que habían perdido control sobre sus propios asuntos.

El **Parlamento** británico aprobó una serie de decretos o leyes que los colonos consideraban injustas. Los colonos eran forzados a pagar impuestos y a obedecer las leyes británicas, pero no tenían voz ni voto en la creación de las leyes. En otras palabras, los colonos no tenían forma legal para cambiar las leyes que los afectaban.

Las Cartas de la Libertad son los documentos fundacionales de los Estados Unidos. Incluyen la Declaración de Independencia, la Constitución y la Carta de Derechos.

Los colonos estaban en contra de los tributos impuestos por el rey Jorge III.

La guerra franco-india terminó en 1763 dejando a los británicos con el control de 13 colonias. Después de muchos años de guerra, los británicos habían acumulado una inmensa deuda nacional. El rey Jorge III de Inglaterra necesitaba dinero y veía a las prósperas colonias americanas como una inagotable fuente de ingresos.

En los años siguientes, el Parlamento británico impuso una serie de tributos sobre los colonos. Esto puede haber sido un plan razonable: después de todo, buena parte de la deuda había sido resultado de los esfuerzos británicos para proteger las colonias americanas. Sin embargo, cada vez que se decretaba un nuevo impuesto, los colonos se ponían cada vez más inquietos. Los colonos se oponían a los impuestos porque no tenían representantes en el Parlamento que hablaran por ellos.

Los colonos se oponían a los impuestos, pero también estaban descontentos con las leyes que les prohibían crear su propia moneda y con las leyes que les exigían alojar a los soldados británicos en sus casas cuando se les requiriera.

LOS HIJOS DE LA LIBERTAD

El Parlamento británico aprobó la Ley del Azúcar en 1764, seguida por la Ley del Timbre en 1765. Ambas estaban dirigidas a ayudar a pagar la deuda británica, la cual había crecido durante la guerra franco-india. Las leyes buscaban recaudar dinero imponiendo contribuciones a los colonos. Muchos colonos protestaron **boicoteando** los productos ingleses, o sea, negándose a comprarlos. Esta táctica fue muy exitosa porque golpeaba a Inglaterra donde más le dolía, en el bolsillo.

Algunos colonos llevaron sus protestas un poco más lejos. Crearon una red secreta de descontentos que se llamaban a sí mismos Los Hijos de la Libertad. Los miembros de este grupo amenazaban e intimidaban a los recaudadores de impuestos. Sus esfuerzos tuvieron éxito nuevamente. Muchos de los recaudadores de impuestos renunciaron y se hizo casi imposible racaudar impuestos.

Miembros de Los Hijos de la Libertad atormentando a un recaudador de impuestos.

La Ley del Timbre obligaba a los colonos a comprar y pegar sellos en artículos tales como los diarios. Este artículo declara que este diario no volverá a publicarse a menos que sea derogada la Ley del Timbre.

Algunos oficiales británicos creían que debían enviarse tropas para obligar a los colonos a obedecer las leyes sobre los impuestos. En 1766, sin embargo, el Parlamento británico derogó la Ley del Timbre. Los colonos respondieron levantando el boicot a los productos británicos.

Este cambio de idea en el Parlamento no significaba que

Paul Revere diseñó esta columna de cuatro caras, llamada obelisco, para celebrar la derogación de la Ley del Timbre.

estuviera aflojando su control sobre las colonias. De hecho, el mismo día en que fue derogada la Ley del Timbre, se aprobó la Ley Declaratoria. Esta ley básicamente declaraba que el Parlamento tenía total autoridad para crear, cambiar y forzar el cumplimiento de todas y cada una de las leyes de las colonias cuando así lo quisiera.

LAS LEYES DE TONWSHEND

El próximo intento apreciable para imponer contribuciones a las colonias vino bajo la forma de las Leyes de Townshend de 1667. Las Leyes de Townshend gravaban productos tales como el papel, la pintura y el té. Nuevamente los colonos respondieron boicoteando los productos británicos.

En 1768, un famoso **patriota** llamado Samuel Adams escribió un artículo criticando las acciones del Parlamento. Argumentaba que a las colonias no debía cargárseles de impuestos sin darles derecho a ser representadas. Adams llamaba a los colonos a unirse y a oponerse a los impuestos injustos. La Cámara de Representantes de Massachusetts, en Boston aprobó su escrito. El artículo fue apoyado por la mayoría de las colonias. En respuesta fueron enviadas tropas británicas a Boston y el cuerpo legislativo de Massachusetts fue disuelto.

En 1769 la Cámara de Representantes de Virginia aprobó resoluciones apoyando a Massachusetts. El gobernador real de Virginia inmediatamente disolvió el cuerpo legislativo de Virginia, justo como habían hecho en Massachusetts.

El patriota y político
norteamericano Samuel Adams

LA MASACRE DE BOSTON

Para 1770 las tensiones entre Gran Bretaña y las colonias americanas habían alcanzado un nivel peligroso. El 5 de marzo una multitud de colonos descontentos rodeó a un grupo de soldados británicos en Boston. Intercambiaron insultos y la tensión aumentó. Los soldados, nerviosos, abrieron fuego matando a cinco colonos. Este hecho se conoce como la Masacre de Boston.

Los colonos airados protestaron por las muertes y los soldados fueron llevados a juicio por asesinato.

El patriota John Adams creía que los soldados tenían derecho a un juicio justo y los defendió en los tribunales. Seis de los soldados fueron absueltos de todas las acusaciones. Otros dos fueron declarados culpables de delitos menores. Tal y como era común en la época, a los dos soldados se les hizo una marca con fuego en la mano y luego se les liberó.

Un período de calma siguió a la Masacre de Boston. El Parlamento suavizó las Leyes de Townshend reduciendo la mayor parte de los impuestos, pero la confianza entre las colonias y la Madre Patria ya se había perdido. A pesar de las tensiones hubo pocos incidentes serios hasta 1773.

Los soldados abren fuego contra los colonos en este cuadro de la Masacre de Boston.

LA FIESTA DEL TÉ DE BOSTON

Muchos colonos todavía apoyaban el boicot a los productos británicos, incluyendo el té que era importado a las colonias por la Compañía Británica de las Indias Orientales.

En lugar de comprar el té británico, los colonos estaban importando té desde Holanda. En 1773 el Parlamento británico aprobó la Ley del Té, la cual permitía a la Compañía Británica de las Indias Orientales vender el té directamente a los colonos pasando por alto a los **comerciantes** de las colonias.

Aunque esto abarataba el té británico, muchos colonos creyeron que era injusto para los comerciantes de las colonias. El 16 de diciembre, miembros de Los Hijos de la Libertad se disfrazaron de nativos americanos y abordaron barcos británicos cargados de té. Los hombres lanzaron 45 toneladas de té británico a la bahía y tranquilamente regresaron a sus casas.

La Fiesta del Té de Boston tuvo lugar en 1773.

LAS LEYES INTOLERABLES

La respuesta británica al ilegal lanzamiento del té fue rápida. Con el propósito de castigar a sus colonias descarriadas, el Parlamento aprobó varias leyes conocidas en conjunto como las Leyes Intolerables o Leyes Coercitivas. Una de estas leyes cerró el puerto de Boston al hacer ilegal cargar o descargar barcos en él hasta que la ciudad no pagara por el té que había sido destruido. Una segunda ley aseguraba que la corona inglesa tendría el control sobre la elección de los funcionarios coloniales y prohibía reuniones que no hubieran sido autorizadas.

Se crearon otras leyes para aumentar el control sobre las colonias. Las Leyes Intolerables tuvieron un efecto importante sobre las colonias. Unieron a los colonos como nunca antes. Las colonias estuvieron de acuerdo en que necesitaban organizar su protesta. Decidieron formar un congreso para discutir los problemas.

El Primer Ministro británico Lord North propuso las Leyes Intolerables.

Engraved for Murray's History of the American War.

Pollard sculp.

FREDERICK lord NORTH.

Printed for T. Robson, Newcastle, upon Tyne.

EL PRIMER CONGRESO CONTINENTAL

En 1774, 12 de las 13 colonias enviaron delegados a la asamblea del Primer Congreso Continental. Cincuenta y seis

delegados representaron a todas las colonias excepto a Georgia en este primer encuentro histórico. Entre los líderes de la asamblea estaban Patrick Henry y George Washington de Virginia, y Samuel Adams y John Adams de Massachusetts. Los delegados estuvieron de acuerdo en llamar a un boicot completo contra los productos británicos y protestar contra las medidas injustas tomadas por el Parlamento británico.

Grupos de colonos, llamados **milicias**, se armaron ante posibles acciones militares contra los británicos. Massachusetts fue un poco más lejos y creó unidades especiales de milicias conocidas como Minutemen u "hombres-minuto." Los hombres–minuto podrían ser llamados a las armas al "minuto de ser avisados." Otras colonias también formaron sus milicias de hombres-minuto.

Este insignia fue usada por algunos miembros de la milicia colonial.

Patrick Henry apoyó la independencia norteamericana y habló contra la Ley del Timbre.

LAS BATALLAS DE LEXINGTON Y CONCORD

El 19 de abril de 1775, tropas británicas en camino de Boston a Concord encontraron una compañía de *Minutemen* en Lexington, Massachusetts. Alguien se asustó y disparó. Entonces los británicos y los *Minutemen* comenzaron a disparar. Algunos milicianos murieron.

La famosa "Cabalgata de medianoche de Paul Revere" tuvo lugar el 18 y el 19 de abril de 1775. Con gran riesgo para su vida Paul Revere cabalgó a campo traviesa para avisar a los colonos de que los británicos se acercaban.

La batalla de Lexington fue la primera batalla de la Guerra Revolucionaria

Las tropas británicas, a la búsqueda de un escondite de pólvora de los colonos, continuaron camino. Después de encontrar y confiscar una pequeña cantidad de pólvora y armas, las tropas iniciaron su viaje de regreso a Boston. De camino a Boston, miembros de la milicia de Massachusetts emboscaron a los soldados británicos ocasionándoles centenares de bajas.

Paul Revere avisó a John Hancock y a Samuel Adams de que los soldados británicos se encaminaban a arrestarlos.

EL SEGUNDO CONGRESO CONTINENTAL

Cuando el Segundo Congreso Continental abrió sus sesiones, el 10 de mayo de 1775, la Guerra de Independencia ya había comenzado. Muchos de los delegados habían representado a sus colonias en el Primer Congreso Continental. Había algunas adiciones notables tales como Thomas Jefferson de Virginia, Benjamin Franklin de Pensilvania y John Hancock de Massachusetts. Los representantes de las colonias eligieron a John Hancock presidente del Segundo Congreso Continental.

La histórica reunión del Segundo Congreso Continental fue en salón de la Independencia en Filadelfia. El grupo discutió lo que debía hacer respecto a los combates en Lexington y Concord. Algunos miembros del congreso querían declarar la independencia inmediatamente.

John Hancock es conocido por su firma reconocible en la Declaración de Independencia y por su importante papel en la historia norteamericana.

Otras querían evitar la guerra contra su Madre Patria. El Congreso acordó un plan de dos pasos. Harían un último esfuerzo para encontrar una solución pacífica pero al mismo tiempo prepararían las colonias para la guerra.

Las colonias enviaron delegados para representarlas en la asamblea del Segundo Congreso Continental.

John Adams fue delegado al Primer y Segundo Congreso Continental y el segundo presidente de Estados Unidos desde 1797 hasta 1801.

El 10 de junio de 1775, John Adams, uno de los principales delegados de Massachusetts, sugirió que el Congreso tomara el mando de las fuerzas coloniales en Nueva Inglaterra. Adams también propuso que George Washington, un delegado de Virginia, fuera nombrado comandante en jefe del nuevo Ejército Continental. Washington aceptó el cargo el 17 de junio.

Después de haber dirigido la milicia de Virginia por muchos años y, más tarde, el Ejército Continental, Washington pudo regresar a su casa en Mount Vernon. No fue hasta 1789, seis años después de que la guerra terminara oficialmente, que George Washington se convirtió en el primer presidente de Estados Unidos.

John Dickinson escribió la Petición de la Rama de Olivo. Fue el último esfuerzo de los norteamericanos de encontrar una solución pacífica a su revolución.

John Dickinson, un delegado de Pensilvania, fue el encargo de redactar un documento titulado la Petición de la Rama de Olivo. Este documento pedía al rey Jorge III de Inglaterra que reconociera los derechos de los colonos. A cambio, los colonos jurarían lealtad a la corona británica. El esfuerzo fue en vano, ya que el rey rehusó siquiera leer la petición.

El rey se mostró **desafiante**. Proclamó que quienes protestaban eran **rebeldes** y habían infringido la ley. Todo colono que se enfrentara a las autoridades británicas se arriesgaba a sufrir duros castigos.

El Congreso aceleró los preparativos para la guerra, almacenando suministros, creando una armada norteamericana y asegurándose el apoyo de naciones extranjeras, como Francia. Los ingleses también se preparaban para la guerra. Se había tomado una decisión. El tiempo de conversar y debatir había terminado. El control de las colonias sería determinado en el campo de batalla.

Thomas Paine era un inglés que se había mudado a Filadelfia en 1774. Paine comprendió el punto de vista de los colonos respecto a los impuesto sin representación. Creía que los norteamericanos debían rebelarse contra el parlamento inglés. En 1776, Paine escribió y publicó "Sentido común," un panfleto donde declaraba que el futuro de los colonos era independizarse de Inglaterra. Escribió en un lenguaje sencillo y claro que apelaba a la gente común. Este documento ayudó a encender la llama de la revolución e influyó en los colonos a la hora de declararse independientes.

THOMAS

PUBLISHED BY F. W. THOMAS.

EL COMITÉ DE LA DECLARACIÓN

El 11 de junio de 1776, el Segundo Congreso Continental formó un **comité** para escribir uno de los documentos más importantes de la historia de Estados Unidos. El documento sería una declaración explicando las razones que tenían las colonias norteamericanas para querer ser independientes de Gran Bretaña. El Congreso quería que el mundo supiera por qué se había hecho necesaria una acción tan drástica contra Gran Bretaña.

Al Comité de la Declaración le fue dada la tarea de escribir la Declaración de Independencia.

El comité consistía en cinco hombres: John Adams, Benjamin Franklin, Thomas Jefferson, Roger Sherman y Robert Livingston. El comité acordó que la tarea de escribir el borrador inicial del documento sería mejor realizada por una sola persona. Como Thomas Jefferson ya se había ganado reputación por su destreza literaria se le pidió pusiera sus habilidades en función de la escritura de la declaración.

Thomas Jefferson (1743-1826) fue el primer Secretario de Estado, vicepresidente de John Adams y nuestro tercer presidente durante dos términos. De acuerdo a sus propios deseos, sin embargo, el quería ser recordado por "la siguiente inscripción, sin añadirle una palabra. Thomas Jefferson autor de la Declaración de Independencia, del Estatuto de Virginia para la libertad religiosa y padre de la Universidad de Virginia."

Thomas Jefferson reconocía la importancia de la tarea que había aceptado. Buscando un lugar tranquilo donde pudiera dedicarse a escribir, alquiló un par de habitaciones en una pequeña casa en las afueras de Filadelfia.

Jefferson consultó a los otros miembros del comité. No obstante, el crédito de la redacción del documento debe atribuirse casi exclusivamente a Jefferson quien terminó el primer borrador en menos de tres semanas.

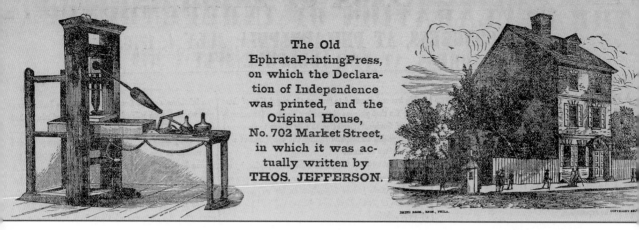

Un artículo de un diario con dibujos de la casa (derecha) donde Thomas Jefferson escribió el borrador de la Declaración de Independencia y la imprenta (izquierda) en la que la Declaración fue impresa después de la guerra.

Con algunos cambios menores, el comité presentó la Declaración de Independencia al Segundo Congreso Continental. El Congreso hizo unos pocos cambios más antes de aprobar el documento el 4 de julio de 1776, fecha que terminó siendo conocida como el Día de la Independencia. La firma formal de la Declaración de Independencia por el Congreso tuvo lugar el 2 de agosto de 1776. Se imprimieron copias de este documento y se enviaron a las colonias.

La Casa de la Declaración es parte del Parque Nacional Histórico de la Independencia en Filadelfia. El albañil de Filadelfia Jacob Graff, hijo construyó la casa en 1775. Al año siguiente, Thomas Jefferson, buscando un lugar tranquilo para escribir, alquiló dos habitaciones en el segundo piso. Fue allí que Jefferson escribió el borrador de la Declaración de Independencia. La Casa (Graff) de la Declaración fue reconstruida en 1975. Ahora exhibe muebles de la época y reproducciones de la silla giratoria y del escritorio utilizado por Jefferson.

La Declaración de Independencia cambió el sentido de la disputa con Gran Bretaña. Los colonos ya no estarían satisfechos con un acuerdo de trato justo de parte de su Madre Patria. Querían un control completo de su propio futuro. Querían libertad.

John Dunlap fue el impresor de Filadelfia que imprimió por primera vez el texto de la Declaración de Independencia. La impresión empezó a última hora del 4 de julio de 1776 y continuó hasta el día siguiente. No hay seguridad de cuántas copias se hicieron, pero sólo se conservan 25.

Franklin, Adams y Jefferson revisan un borrador de la Declaración de Independencia.

FIN DE LA GUERRA DE INDEPENDENCIA

La guerra de independencia fue costosa. Miles de colonos norteamericanos murieron o fueron heridos luchando por la libertad. Otros muchos murieron de enfermedades. Los colonos no estaban solos en su sufrimiento. Francia, la primera nación en ponerse del lado de los norteamericanos, envió soldados para luchar junto a los soldados de las colonias. Los colonos fueron apoyados también por España y Holanda. Los británicos y sus **aliados** nativos americanos, al igual que sus partidarios en América y Canadá, también sufrieron terriblemente.

El Tratado de París, en 1783, finalmente llevó la Guerra de Independencia a su conclusión. Gran Bretaña estuvo de acuerdo en cesar sus acciones hostiles y en reconocer a Estados Unidos como una nación soberana.

La Declaración de Independencia sirvió su propósito muy bien. Muchos colonos que todavía no se habían decidido a entrar en guerra con Gran Bretaña fueron inspirados por este documento. Las colonias se unieron como nunca antes lo habían hecho.

George Washington y otros oficiales cabalgan por la ciudad de Nueva York después del Tratado de París.

LOS FIRMANTES DE LA DECLARACIÓN DE INDEPENDENCIA

El Congreso firmó formalmente la Declaración de Independencia el 2 de agosto de 1776. John Hancock, el Presidente del Congreso, fue el primero en firmar. Su firma, en el centro, justo debajo del texto, es la más grande y mejor definida. Los otros delegados firmaron de acuerdo al lugar geográfico del estado que ellos representaban. Los delegados de New Hampshire,

Los delegados salen de la Cámara Estatal de Pensilvania, ahora llamada Salón de la Independencia, después de firmar la Declaración de Independencia.

el estado más al norte, firmaron primero y los delegados de Georgia, el estado más al sur, firmaron últimos. Algunos delegados no estaban presentes el 2 de agosto y firmaron el documento más tarde. En total, 56 delegados pusieron sus firmas en la Declaración de Independencia.

John Adams y Thomas Jefferson fueron los únicos dos firmantes de la Declaración de Independencia que terminaron siendo presidentes. En un extraño giro del destino ambos murieron el mismo día, el Día de la Independencia, el 4 de julio de 1826.

John Hancock orgullosamente muestra su firma en la Declaración de Independencia.

PRESERVANDO LA DECLARACIÓN DE INDEPENDENCIA

Durante la guerra, la Declaración de Independencia fue trasladada en la medida en que el Congreso Continental era obligado a reubicarse por cuestiones de seguridad. Desde entonces, el documento ha sido trasladado en numerosas ocasiones pero finalmente encontró una casa permanente en los Archivos Nacionales en Washington, D.C.

En los Archivos Nacionales en Washington, D.C., más de 5000 personas hacen fila diariamente para ver la Declaración de Independencia.

La Rotonda, en los Archivos Nacionales, donde los Documentos de la Libertad son exhibidos al público.

La Declaración de Independencia fue escrita en pergamino y en los primeros años fue enrollada para almacenarla. Cada vez que era enrollado o desenrollado, el documento se exponía a dañarse. Años de uso y abuso, luz solar y almacenamiento incorrecto, causaron efecto en el documento y, poco a poco, comenzó a desteñirse. Periódicamente se han hecho esfuerzos para restaurar y preservar el documento para generaciones futuras.

Un conservador saca este documento histórico de su caja sellada vieja con mucho cuidado.

En julio de 2001, la Declaración de Independencia fue sacada de su exhibición pública como parte de un proyecto mayor de restauración. Los científicos examinaron microscópicamente cada porción del pergamino. Pequeños flecos de tinta y pergamino sueltos fueron cuidadosamente puestos en su lugar. El documento fue limpiado y colocado en una caja especialmente diseñada. La nueva caja está llena con gas argón que protegerá el documento de daños ambientales. Un fino haz de luz pasa a través de pequeños agujeros a los lados de la caja para monitorear la atmósfera en su interior.

El proyecto de restauración preservará el más importante documento norteamericano por muchos años. La nueva exhibición en los Archivos Nacionales en Washington, D.C. abrió al público en septiembre de 2003.

CRONOLOGÍA

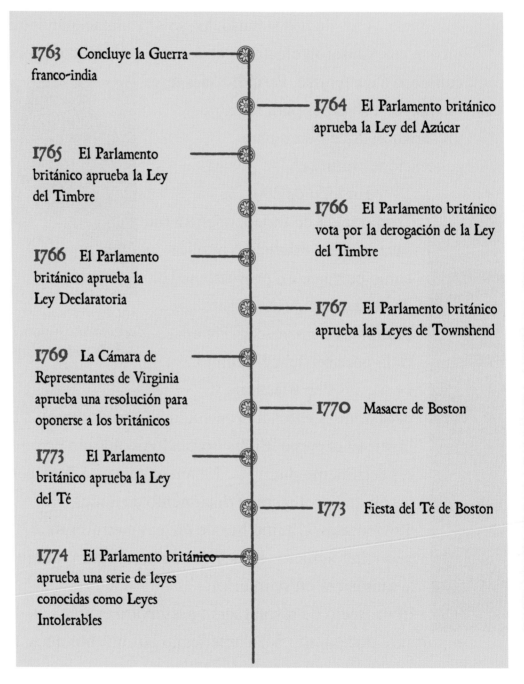

1763   Concluye la Guerra franco-india

1764   El Parlamento británico aprueba la Ley del Azúcar

1765   El Parlamento británico aprueba la Ley del Timbre

1766   El Parlamento británico vota por la derogación de la Ley del Timbre

1766   El Parlamento británico aprueba la Ley Declaratoria

1767   El Parlamento británico aprueba las Leyes de Townshend

1769   La Cámara de Representantes de Virginia aprueba una resolución para oponerse a los británicos

1770   Masacre de Boston

1773   El Parlamento británico aprueba la Ley del Té

1773   Fiesta del Té de Boston

1774   El Parlamento británico aprueba una serie de leyes conocidas como Leyes Intolerables

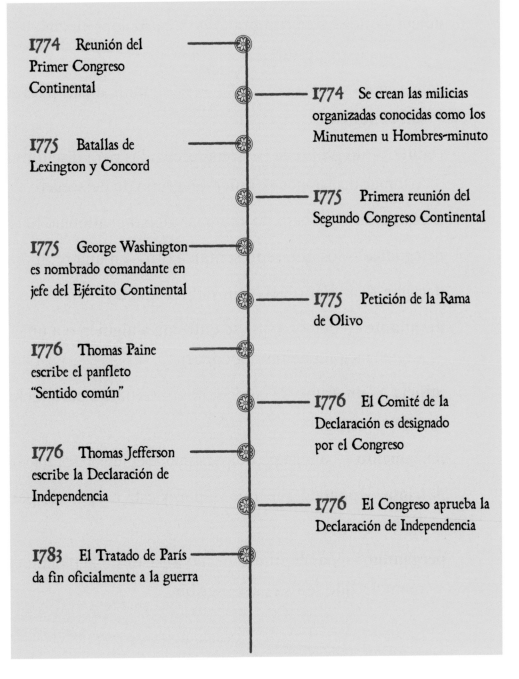

1774 Reunión del
Primer Congreso
Continental

1774 Se crean las milicias
organizadas conocidas como los
Minutemen u Hombres-minuto

1775 Batallas de
Lexington y Concord

1775 Primera reunión del
Segundo Congreso Continental

1775 George Washington
es nombrado comandante en
jefe del Ejército Continental

1775 Petición de la Rama
de Olivo

1776 Thomas Paine
escribe el panfleto
"Sentido común"

1776 El Comité de la
Declaración es designado
por el Congreso

1776 Thomas Jefferson
escribe la Declaración de
Independencia

1776 El Congreso aprueba la
Declaración de Independencia

1783 El Tratado de París
da fin oficialmente a la guerra

GLOSARIO

aliados — personas o países que dan apoyo a otro

boicot — negarse a comprar algo o participar en algo como forma de protestar

comerciantes — personas que venden mercancías para sacar un beneficio

comité — un grupo de personas escogidas para discutir asuntos y tomar decisiones por un gran grupo de personas

declaración — el acto de anunciar algo o el anuncio hecho

delegados — los que representan a otros en una reunión

derogar — anular o dejar sin validez una ley

desafiante — persona que se enfrenta a alguien o a una organización y rehúsa obedecer

milicia — un grupo de ciudadanos entrenados para luchar en una emergencia

parlamento — un grupo de personas elegidas para hacer las leye

patriota — alguien que ama su país y está preparado para luchar por él

pergamino — papel grueso hecho a partir de la piel de un animal y que se usa para escribir

principios — verdades, leyes o creencias básicas

rebeldes — personas que luchan contra un gobierno

tiranía — gobernar a los pueblos de manera injusta o cruel

LECTURAS RECOMENDADAS

Fink, Sam. *The Declaration of Independence.*
Scholastic, Inc. 2002.

Freedman, Russell. *Give Me Liberty: The Story of the Declaration of Independence.* Holiday House, 2002.

Jones, Veda Boyd. *Thomas Jefferson: Author of the Declaration of Independence.* Chelsea House Publishing, 2000.

Murray, Stuart. *American Revolution.* DK Publishing, 2002.

SITIOS EN LA RED

http://www.americanrevwar.homestead.com/

http://www.loc.gov/exhibits/declara/

http://www.ushistory.org/declaration/

http://www.congressforkids.net/Independence_declaration_1.htm

ÍNDICE